# Zen des Laufens

# Zen des Laufens

von

Fred Rohé

Photographien von Dennis Anderson

Verlag Bodymind – Volker Kretschmer

Titel der Originalausgabe: The Zen of Running
Aus dem Amerikanischen übertragen von
Peter, Theo und Volker


Printed in Berlin-West

Photos: Dennis Anderson
Druck: Movimento Druck, Berlin West
Einband: Villwock, Berlin-West
Satz: Fotosatz Udo Richter, Berlin-West

ISBN 3-921966-01-9

Paul Reps, meinem spirituellen Lehrer
Paul Hawken, meinem Laufgefährten
und meiner Frau Sandy
gewidmet

Im Winter 1969, nachdem ich ungefähr 9 Monate regelmäßig gelaufen war, besuchte ich meinen Freund Reps. Er ist Schriftsteller und Verfasser poetischer Bücher, die sich mit ganzheitlichem Leben beschäftigen.

„Ich glaube, ich werde ein Buch über das Laufen schreiben," sagte ich.

Aber er meinte nur: „Vielleicht solltest du dir damit noch etwas Zeit lassen."

„In Ordnung," gab ich zurück, „Ich habe das Recht, ein solches Buch jetzt schon zu schreiben, noch nicht erworben, ich werde noch drei Jahre warten."

Aber ich tat es nicht. Ich entwarf die erste Fassung noch am gleichen Nachmittag auf Hawaii. An Reps Fenster stehend, den Blick abwärts über die grünen Zuckerrohrfelder auf den blauen Pazifik, schrieb ich auf der Fensterbank.

Jetzt haben wir Herbst 1973, und ich bin seit mehr als vier Jahren regelmäßiger Läufer. Der Inhalt des Buches wurde durch mehrere tiefgehende und schöpferische Gefühlsausbrüche erweitert, die besonders beeindruckenden Ausflügen auf meiner Lieblingslaufstrecke, der Küste von San Franzisco folgten.

Ich habe jetzt das Gefühl, dem Leser das ‚Zen des Laufens' vorstellen zu dürfen. Was ich dir geben will, ist die Freude am Laufen.

Diese Erfahrung ist
eine neu entdeckte
Form der Meditation
oder
ein Weg mehr,
dich selbst
zu entdecken.
Drum schlag ich vor,
lauf frohen Muts
und ausgelassen
ein kurzes Stück.
(kurz, das können 10 oder
1000 Meter sein,
das ist ganz deine Sache.)

Lauf da, wo die Luft am saubersten ist,
und so wenig bekleidet wie möglich,
daß du von Sonne und Wind
gebadet wirst.

Wenn du einen Strand kennst, oder einen Park,
wo keine Glasscherben liegen, dann laufe barfuß,
denn dadurch erhälst du eine Fußmassage,
die alle Nerven und Reflexpunkte deiner Fußsohlen
stimuliert, die wiederum sämtliche Organe deines
Körpers anregen.
Außerdem wirst du durch Barfußlaufen ‚geerdet',
das heißt, du bekommst jenen direkten Kontakt
mit der großen Mutter Erde, der bedeutet, daß ein
elektrisches Gleichgewicht zwischen dir und dem
Planeten hergestellt ist.

Bei diesem Freudentanz,
bei deinem Lauf,
atme ein
tief und lang
durch die Nase,
atme aus
kurz und scharf
durch den Mund.

Gib dir 4 Schritte
zum Einatmen,
und atme aus
beim fünften Schritt.
Der Takt, in dem du zählst,
der RHYTHMUS,
ob 4/1, ob 2/1, ob 5/3,
soll DEIN Rhythmus sein.

(Wenn du aber merkst,
daß es dir leichter fällt,
durch die Nase auszuatmen,
dann mach es so.
Denn niemand als du selbst
sollte dir sagen, was dir gefällt.)

Wenn du zunächst mit jedem Schritt
schwer keuchend aus- und einatmest,
was dann?
Lauf ein wenig weiter,
tanzend und froh,
voller Liebe zu der Gabe,
die uns allen innewohnt.
*Nach und Nach,*
wenn sich dein Lauf verlängert,
wird auch dein Atem länger.

Mach nicht zuviel,
lieber weniger.
Du läufst ja nicht,
weil du in Eile bist.

Du wirst laufen können, ohne müde zu werden,
wenn du einer einfachen Regel folgst:
Laufe *mit* deinem Atem,
laufe ihm nicht *davon.*
(Du mußt laufen,
um herauszubekommen, was das heißt.)

Mit jedem Lauf
erschaffst du das Erleben
eigener Erfahrung.

Oft sprechen Läufer vom Schmerz,
und ist es das, was du suchst,
bekommst du soviel du willst,
indem du dich grenzenlos antreibst,
wann immer du läufst.

Es liegt ganz bei dir,
ob du läufst, um dich selbst zu *bestrafen*
oder dich selbst zu *erfahren.*
Wählst du mit mir das Letztere,
wird jeder Lauf Freude machen;
das Schlüsselwort heißt:
Nimm es leicht!
Mache einen Läufer aus dir,
schrittweise, geduldig, entspannt.

Du bist schnell ein Opfer
der Einbildung:
dich selbst als jemand zu sehen,
der seine Welt in Erstaunen versetzt
durch seinen Fortschritt und Fleiß.
Wir kennen dieses Streben als *Ichsucht*,
wir kennen diese Haltung als *Ehrgeiz.*

Große Läufer zu sein
ist nicht unser Ziel,
sondern Selbstkontrolle;
ohne sie treibt uns die Ichsucht zum Ehrgeiz,
und sein Preis
ist Schmerz.

Laßt uns nicht selbstsüchtig sein,
laßt uns leichter leben.

Aus dir
einen Läufer zu machen,
wird ein Vergnügen sein,
wenn du Fortschritte machst,
indem du weniger läufst.

Der Schlüssel zum „Fortschritt durch weniger"
heißt: weniger zu tun,
als man glaubt, daß man kann.

Wenn du das Gefühl hast, du könntest
geradewegs losgaloppieren,
geh nur ein bißchen spazieren.

Und glaubst du, du könntest
um den Häuserblock herumlaufen,
lauf nur bis zur nächsten Ecke.

Dir bleibt der Rest deines Lebens,
um ein Langstreckenläufer zu werden.
Warum unter Schmerzen sich zwingen,
warum nicht mit schwingenden Sprüngen
frei und leicht laufen,
so, wie man tanzt?
Wenn du damit anfängst,
wirst du bald merken,
daß Laufen von sich aus
schon anstrengend ist;
auch ohne daß du dir
noch zusätzlich Härten schaffst.

Meiner Erfahrung nach
könntest du fragen,
wie weit soll ich laufen?
und ich müßte sagen,
gib dir die Antwort selbst.

Denn ich glaube,
diese Frage ‚wie weit'
hängt von persönlichen Dingen ab.
Wie alt bist du?
Wie lang sind deine Beine?
Wieviel wiegst du?
Und welche Entfernung
wäre dir angenehm?

Da individuelle Eigenschaften
es unmöglich machen, ganz allgemein
eine Entfernung zu nennen,
nimmt man als Maß am besten die *Zeit*,
um allgemein sagen zu können ‚wie weit'.
Wie weit tragen dich
deine Beine in, sagen wir,
fünf oder fünfzig Minuten?
Du solltest weit genug laufen,
um dich beschwingt zu fühlen;
gelingt dir das nicht,
dann bist du
wahrscheinlich zu weit gelaufen.

Eine andere Frage wäre:
Wie schnell soll ich laufen?

Aber auch die Geschwindigkeit
hängt von vielen persönlichen Dingen ab:
ob du kurz und schwer bist,
ob du lang und dünn bist,
ob du Raucher bist oder nicht,
ob du unbedingt *schnell* sein willst
und von diesem Leistungsbewußtsein nicht wegkommst.

Deshalb läufst du am besten so schnell,
daß du schwer atmest
und schwitzt.
Wenn du schnell genug läufst
daß du keuchst und schwitzt,
dann läufst du auch schnell genug.

(Aber natürlich
lebst *du*
dein Leben.
Wenn du also
gegen die Uhr laufen willst,
denke daran:
Es ist *dein* Spiel,
*du* wählst die Regeln,
nach denen du spielst.)

Du könntest fragen:
Wie oft soll ich laufen?

Wichtig ist, Kraft und Ausdauer zu erlangen,
bis du mühelos läufst,
im Vergleich zu damals,
beim ersten Versuch.

Drum laufe oft genug,
– ob täglich, oder viermal in der Woche –
daß Kraft und Ausdauer
bleiben und wachsen.
Aber laufe nicht so oft,
daß eine Last daraus wird.

Wenn du einige Zeit
ganz regelmäßig läufst,
fühlst du dich soviel besser,
daß du dann von selbst
auch weiter dabei bleibst,
im Einklang mit dem,
was gut für dich ist,
und das ist dann
oft genug.

Manche Leute fragen:
„Wie soll sich ein Läufer ernähren?"

Wenn du selbst nicht weißt,
was du essen sollst,
dann weiß ich es ebensowenig.
Und wenn ich es wüßte,
dann wäre es ein Gefallen,
den ich dir erweise,
wenn ich es nicht sage
und dir so erlaube,
selbst die Erfahrung zu machen,
herauszufinden,
wie du dich ernähren sollst.

Deine Nahrung sollte dir helfen,
dich leicht, klar und stark zu fühlen.
Darum empfehle ich dir
einen einfachen Grundsatz,
den nenne ich
das ABC der Ernährung:
A – iß reine, vollwertige Nahrung.
B – iß einfach, entsprechend dem Appetit.
C – iß langsam, dankbar und freudig.

Auch wenn du dir von niemand
vorschreiben lassen solltest,
*wie* du zu laufen hast,
genausowenig, wie du dir
vorschreiben lassen solltest,
*wie* du zu leben hast,
ein nützlicher Grundsatz
für alle, die laufen, heißt:
Laufe so *aufrecht* wie möglich.

Von der Seite gesehen
sollte dein Rückgrat senkrecht zum Boden sein.
Wenn du dich vorlehnst beim Laufen,
hängst du das Gewicht deines Rumpfes
über die sich hebenden Beine hinaus,
dein vorderes Bein, das unbelastet sein sollte,
muß dann als Stütze dienen,
damit du nicht aufs Gesicht fällst,
so wird es schwerer, die Beine zu heben,
verlangsamt, ermüdet dich.

Aufrecht laufen –
Schultern, Brust,
Bauch und Hüften
in einer senkrechten Linie –
locker heben sich die Beine:
die Knie nach oben und
vorwärts stoßend
mit Leichtigkeit.

Die Schwierigkeiten mit anderen Büchern
über das Laufen, sind folgende:

1. Die mechanische Herangehensweise
wenn sie uns sagen, wie weit man läuft,
wie oft und wie schnell,
als wären wir alle gleich,
wie eine Flotte von Limousinen.

und 2. Macht man es aber
zur mechanischen Übung,
dann fehlt der Geist
und damit der Spaß.

Mein Freund Reps sagt:
„Macht's keinen Spaß,
dann laß es sein".

Denk daran: wir schaffen uns unsere Welt(en)
mit unseren Gedanken
drum laß sie sagen
„Seht her, ich laufe,
und alle Läufer
tanzen den wundervollen Tanz;
jeder Schritt ein Sprung durch den Raum,
jeder Sprung macht Freude".

Hast du einmal herausgefunden,
daß Laufen nur eine andere Form
von Freude empfinden ist,
dann wirst du deine Geschwindigkeit,
Zeit, Strecke und Regelmäßigkeit
so einrichten,
wie es gut für dich ist.

Ein regelmäßiger Läufer zu werden,
bringt als Belohnung mit sich, daß Kraft und
Ausdauer deines Körpers wächst.

- Die Herzmuskelpumpe wird stärker, der Puls verlangsamt sich.

- Lungenelastizität und Fassungsvermögen vergrößern sich, die Nasengänge werden sauber geblasen.

- Ein Gleichgewicht zwischen Aufnahme und Ausscheidung stellt sich ein: Aufrechterhaltung des richtigen Körpergewichts.

- Füße und Beine werden stark und fest.

- Haut und Augen sprühen vor Lebenkraft.

Aber wenn der Tanz des Laufens
keine Freude macht, dann suche
eine andere Form des Tanzes,
denn ohne Freude
ist alle Mühe vergeblich,
und ein Läufer der leidet,
gibt meist bald schon auf.

Du wirst sehen, der Tanz des Laufens
ermüdet dich nicht, sondern *gibt dir Kraft.*

Einfach gesagt: Deine Muskeln werden stärker, die Lungen werden weiter und der Blutkreislauf besser und tiefer. Auf diese Weise vervollständigt sich die Sauerstoffzufuhr beim Einatmen und der Ausstoß von Giften beim Ausatmen. Die kräftigen Bewegungen deiner Bauchmuskeln setzen deine Eingeweide in Aktion, während die Öffnung der Poren und das Fließen des Schweißes den Reinigungsvorgang ergänzen.

Genauer gesagt: indem du im Rhythmus der Atmung läufst, speicherst du sehr viel -„PRANA" - ein Sanskritwort, das die absolute Energie bezeichnet, die Quellen unsichtbarer Lebenskraft, welche die Urquellen jeder Form von Aktivität mit Energie versorgt.

Du läufst vielleicht gern
mit einem Freund
oder mit jemand den du liebst;
Doch das Laufen ist keine Freude,
wenn dir dein natürlicher Schritt fehlt.

Mit einem Laufgefährten,
dessen Schritt deinem gleicht,
kannst du Seite an Seite laufen;
im gleichen Takt
berühren eure Füße den Boden,
ihr atmet zusammen
im Tanz der Einheit
der menschlichen Wesen.

Mit Hilfe des Laufens
kannst du deine Probleme zurücklassen,
wenn du es richtig machst.

*Ich lief anfangs wenig,*
*dann länger, ohne den Mut zu verlieren,*
*um nach und nach mehr die Kraft zu spüren,*
*die eines Tages mich befreit*
*ich war nicht länger ich, ich war bereit,*
*der andere zu sein,*
*der sich die Kraft verdient,*
*die ein Gefühl der Leichtigkeit ihm leiht*
*und seinen kurzen Lauf*
*in einen langen Lauf verwandelt mit der Zeit*
*und seinen langen Lauf*
*mit jenem Sinn bedachte*
*der ihn zu diesem Tanz der Freude machte.*

Den Lauf als Tanz zu erfahren,
erfordert Aufmerksamkeit für ein paar Dinge:

Achte auf deinen Kopf –
er sollte leicht beweglich auf deinem Nacken schweben
(fasse in der Ferne einen festen Punkt ins Auge,
das wird dir helfen, gleichmäßig zu laufen).

Dein Nacken sollte locker sein,
deine Schultern frei hängen.

Deine Arme –
sollten nah an beiden Seiten deines Körpers schwingen
und deine Hände –
brauchst du nicht zur Faust zu ballen, nur leicht zu schließen.

Fühle deine Füße:
Fersen, Zehen, Fersen, Zehen.
Die Fersen dämpfen deine Rückkehr zum Boden,
die Zehen schnellen dich wieder ab.

Sich der Einzelheiten des Laufs
bewußt zu sein,
gibt dir Sparsamkeit der Kräfte,
daß deine Bewegungen einfacher werden,
damit du frei und locker läufst,
schwingend und unbeschwert – *Tanzend.*

Gewinnst du an Stärke,
gewinnst du auch an Spannkraft im Sprung
und es wird Tage geben,
wo dir dein Tanzen
wie Fliegen vorkommt.
Und in Wirklichkeit fliegst du auch:
zwischen jedem federnden Sprung
schwebst du einen Augenblick
frei in der Luft,
bevor du herunterkommst
zum nächsten federnden
Vorwärtsschritt.

Bitte vergiß nicht, der Sinn des Laufens
ist es, dir Hilfe zu sein,
fröhlich, gesund und ganz du selbst zu werden.
Deshalb gib dem Atem als Begleiter
ein Gebet (wie „Vater Unser")
oder ein Mantra (wie „OM")
ein Gefühl (wie „Liebe")
vielleicht auch eine Frage („wer bin ich").
Was immer du willst,
das ist ganz deine Sache,
du atmest es ein und aus
in deinem eigenen Rhythmus
(und denke daran, dies ist *deine* Entdeckung).

Was meine ich damit, wenn ich das Laufen
als „neu entdeckte Form der Meditation" bezeichne?
Meditiert man nicht, indem man mit gekreuzten Beinen
und mit geschlossenen Augen auf dem Boden sitzt?

Ich glaube, Meditiation ist ein Seinszustand
und keine Körperhaltung.
Ich kann in einem Zustand laufen,
der ebenso meditativ ist,
wenn nicht noch mehr,
als wenn ich wie ein Buddha sitze.

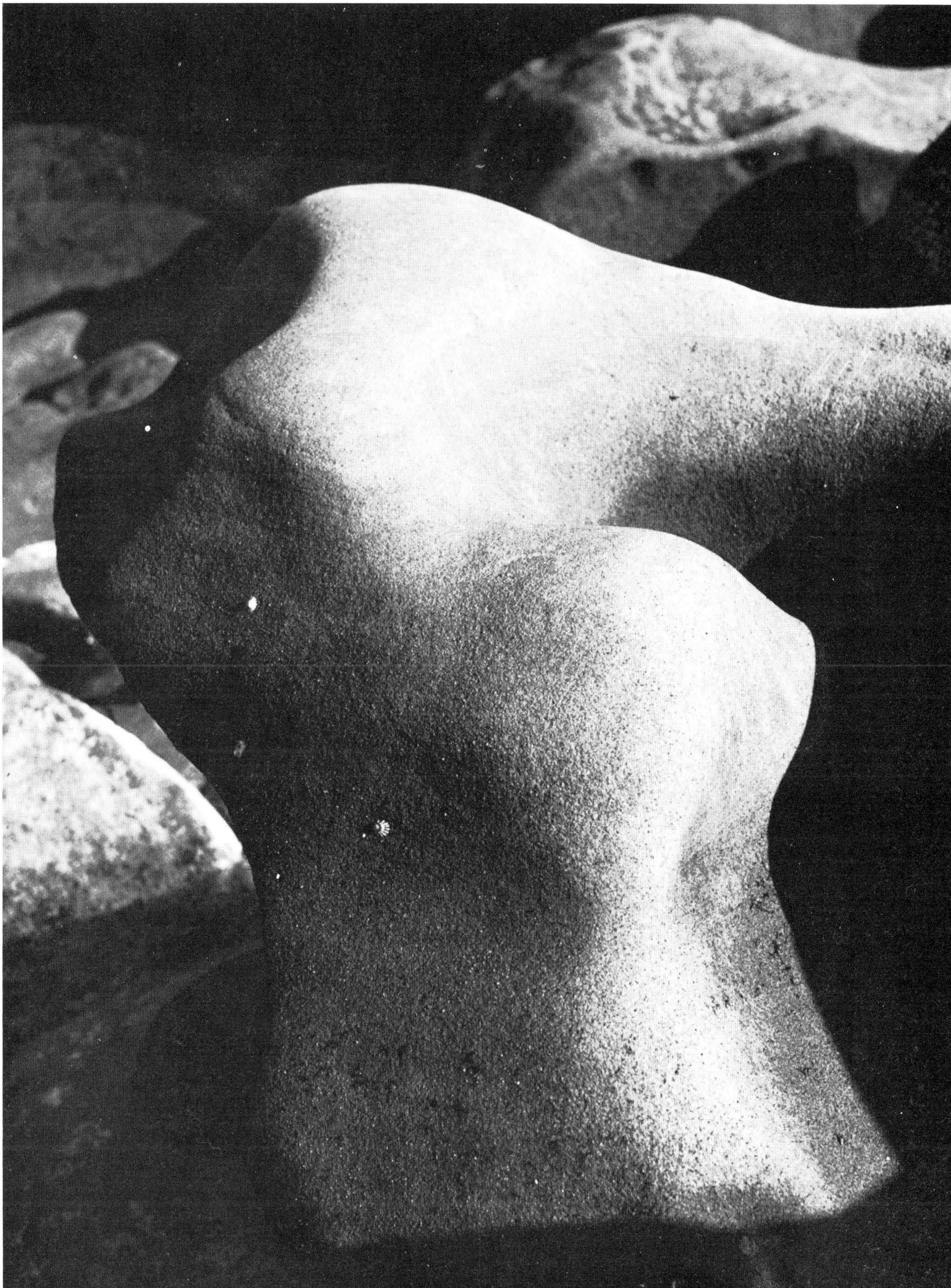

Die Erfahrung des meditativen Laufens
hat mir die Möglichkeit gezeigt, mein ganzes Leben
meditativ zu leben.
Und mir scheint, ich sollte diese Art zu leben lernen,
da sie für mich bedeutet, daß ich ruhig,
mutig, aufgeweckt und energiegeladen bin;
so ist mir jeder Augenblick des Lebens bewußt,
bis es eines Tages in diesem Körper endet.

Ein Gesichtspunkt des meditativen Laufens
ist deshalb die Freude des Augenblicks,
ein anderer Gesichtspunkt
ist der Lernprozeß
in welchem Laufen nur als Sinnbild steht,
für alles was Leben bedeutet.

Was immer du aus deinem Leben machst,
betrüge dich nicht selbst
durch Ehrgeiz und Vorwärtsdrängen.

Es gibt keinen Maßstab
und keine Siege,
nur die Freude des Lebens
im Tanz deines Laufs.
In jedem Leben
gibt es Freude;
nur im Augenblick – jetzt.

So wirst du im Fließen
deines Tanzes
auch wissen:
du kannst nicht laufen
für zukünftigen Lohn;
alles, was dein ist,
erhältst du *jetzt!*

Während du läufst,
im Lauf
– jetzt –
warum nicht
gleich jetzt beginnen?

Bevor ich begann, diese Zeilen zu schreiben,
habe ich meinen Puls gezählt.
Mein Herz schlägt 48 mal in der Minute.
Ich beobachte den Körper in dem ich lebe,
und sehe, daß er zäh und kräftig ist.
Die Augen sind klar, und die Haut leuchtet,
das Laufen ist anscheinend ein gutes
Kräftigungsmittel für diesen Körper.
Und was für den Körper gut ist,
ist gut für den ganzen Menschen,
denn der Geist lebt vom Körper nicht getrennt,
wie das Wasser nicht ohne den Strom existiert.
das Wasser, das *ist* der Strom.

Eine Frau die ich liebe
und außerordentlich schätze,
las was ich schrieb
und sagte es sei wundervoll.
Aber sie meinte es würde etwas fehlen,
denn glaubst du wirklich, fragte sie,
daß es dir immer Spaß und Freude macht?
- das tut es nicht.
Was mach ich, wenn es mir nicht nach Laufen ist
sondern vielmehr danach einfach herumzuliegen?
Manchmal tu ich das, ich liege einfach rum.
Ich kenne das bei mir.
Ein anderes mal jedoch treib ich mich selbst hinaus zum Laufen,
auch wenn mir mein Gefühl dann sagt
ich will es nicht.
Ich kenne das bei mir.
Denn es gibt mehr als nur die eine Seite
von der Person, die ich als „Selbst" bezeichne.
Da ist kein einzelnes beständiges „Ich",
sondern es sind deren viele.
Ein „Ich" will laufen,
aber nach einigen Kilometern
will ein anderes „Ich" den Lauf beenden.
Meist lauf ich dann weiter,
weil ich so schneller zurück bin.
Wie dem auch sei, das „Ich",
das laufen wollte,
wird bald wiederkehren.

Spreche ich von mir, sage ich „ich" oder „mir" oder „mich"
und verdunkle die Wahrheit,
nicht einer zu sein, sondern „viele."
Eine wirklich bedeutsame Seite von „mir"
liebt das Laufen, aber ich bin einmal wochenlang
*nicht* gelaufen, ich sagte *ja*
zu den anderen Seiten.

Mein Ziel im Leben ist nicht das Laufen,
sondern aufzuwachen.
BEWUSSTSEIN erfordert ERKENNEN
und beginnt mit Öffnung gegen sich selbst.

Gewiß, die Menschen sind faul.
Ich auch.
Es ist schwer mich zu sehen
wie ich bin
und so klar wie nur etwas
steht da meine Faulheit.
Meistens dann,
wenn ich sie am wenigsten brauchen kann.
Meine Devise sie zu umgehen
heißt: Disziplin.
Disziplin ist ein weiterer Gesichtspunkt
unseres Yoga des Laufens.
(Ja es ist auch ein Yoga
und Yoga braucht Disziplin).

Aber die faule Seite von dir
ist nicht genau das gleiche,
wie die faule Seite von mir.
Darum ist es deine Disziplin,
die du auch selbst entdecken mußt.
Hab keine Angst davor,
auch Disziplin ist gut für uns.

Was ich über das Laufen schrieb, ist meine Wahrheit,
und einer wichtigen Seite meines Lebens entsprungen,
hervorgegangen aus dem Wunsch, von mir zu geben.
Das Laufen ist nicht nur Ekstase und Vergnügen,
manchmal heißt Laufen auch mit voller Absicht leiden
um Einsicht zu finden.
Ein anderes mal heißt Laufen widerstehen
und leiden ohne es zu wollen,
weil wir nun einmal Menschen sind und unvollkommen.
Laßt unser Laufen nicht zur Fantasie verblassen,
laßt unser Laufen wirklich werden, hier und jetzt.

Ich sitze hier und erinnere mich an einen Lauf,
der ein paar Tage zurück liegt,
ich weiß noch, ich wollte das Ergebnis
in Worte fassen –
    Ich laufe frei und leicht,
    mein Atem strömt hinein
    und fließt heraus,
    mir voll bewußt,
    jedes Augenblicks dieser Erfahrung
        immer noch
            gedenkend

Im Laufen
fühl ich mein Gesicht
ekstatisch leuchten.

Das wünsch ich dir

Wenn du willst,
laß von dir hören,
erzähl mir von deiner
Wahrheit